RISPARMIO DENARO

COME RISPARMIARE DENARO IN MODO

EFFICACE SULLA BOLLETTA DEL GAS

INDICE DEI CONTENUTI

Introduzione

Il gas naturale è una delle principali fonti di energia utilizzate nella maggior parte delle case e degli uffici in tutto il mondo. Tuttavia, come già accennato, è anche una delle fonti di energia più costose disponibili sul mercato. Il costo del gas può variare in base a diversi fattori come il mercato, l'offerta e la domanda, la stagione e il fornitore di energia. Questo significa che il costo del gas può avere un impatto significativo sul budget familiare e sulle finanze individuali.

Un consumo eccessivo di gas può influire notevolmente sulle finanze familiari, portando a bollette elevate e sforamenti di budget imprevisti. Ci sono diverse ragioni per cui si potrebbe consumare troppo gas, ad esempio, l'utilizzo di vecchi e inefficaci impianti di riscaldamento o di elettrodomestici a gas, l'utilizzo di acqua calda in eccesso o la mancata manutenzione degli impianti. Tuttavia, esistono anche diverse strategie e consigli che possono aiutare a ridurre il consumo di gas e risparmiare denaro sulla bolletta.

Inoltre, il gas è una risorsa non rinnovabile, il che significa che la sua disponibilità è limitata e che il suo utilizzo in modo irresponsabile può avere conseguenze negative sull'ambiente e sulla sostenibilità del pianeta. Imparare a utilizzare il gas in modo responsabile e a ridurre il consumo non solo aiuta a risparmiare denaro, ma può anche avere un impatto positivo sull'ambiente e sulla sostenibilità del nostro pianeta.

Per imparare a risparmiare denaro sulla bolletta del gas, non è necessario apportare grandi cambiamenti. Semplici accorgimenti, come spegnere le luci quando non sono necessarie, regolare la temperatura del termostato, controllare l'efficienza dei propri impianti elettrodomestici e di riscaldamento e assicurarsi che siano ben mantenuti, possono fare la differenza. Inoltre, è importante scegliere fornitori di gas affidabili e a prezzi accessibili, monitorare le tariffe del gas e considerare l'utilizzo di alternative più economiche e sostenibili.

In sintesi, risparmiare denaro sulla bolletta del gas è importante per la propria situazione finanziaria e per l'ambiente in cui viviamo. È facile e conveniente apportare alcune modifiche alla propria routine quotidiana e fare scelte intelligenti che possono avere un impatto positivo sul budget e sull'ambiente

Controllare il contratto con il fornitore di gas:

Controllare il proprio contratto con il fornitore di gas
è un passo fondamentale per poter risparmiare sulla
bolletta del gas. Spesso, infatti, si tende a dare per
scontato il proprio contratto e le sue condizioni,
senza dedicare la giusta attenzione a questa
importante questione. Tuttavia, è importante
comprendere che controllando il proprio contratto si
può evitare di pagare di più del necessario per il gas e
trovare la tariffa più conveniente per le proprie
esigenze.

Ci sono diverse ragioni per cui è importante
controllare il proprio contratto con il fornitore di gas.
Innanzitutto, il prezzo del gas può variare
notevolmente tra i diversi fornitori di gas presenti sul

mercato. Controllando il proprio contratto, si può evitare di pagare di più del necessario per il gas e trovare la tariffa più conveniente per le proprie esigenze.

Inoltre, il proprio contratto con il fornitore di gas può contenere una serie di clausole di penalità o altre spese aggiuntive che possono influire sulla propria bolletta del gas. È importante prestare attenzione a queste clausole e verificare se è possibile trovare un contratto più conveniente e adatto alle proprie esigenze.

Per trovare la tariffa più conveniente, è possibile confrontare le diverse offerte dei fornitori di gas presenti sul mercato. Ci sono numerosi siti web e comparatori online che possono aiutare a confrontare le diverse offerte dei fornitori di gas, rendendo più facile la scelta della tariffa migliore per le proprie esigenze.

Inoltre, è importante anche verificare se esistono sconti o promozioni disponibili per i nuovi clienti o per coloro che decidono di cambiare fornitore di gas. Questi sconti e promozioni possono essere molto vantaggiosi e aiutare a risparmiare sulla bolletta del gas.

Tuttavia, prima di cambiare fornitore di gas, è importante leggere attentamente i termini e le condizioni del nuovo contratto e verificare se ci sono costi nascosti o clausole di penalità che potrebbero influire sulla propria bolletta del gas.

Inoltre, è importante prestare attenzione alle scadenze del proprio contratto e controllare se è possibile rinegoziare il contratto in anticipo, in modo da poter beneficiare di nuove offerte e tariffe più convenienti.

Infine, è importante anche controllare regolarmente la propria bolletta del gas per accertarsi che non ci siano addebiti erronei o spese aggiuntive non autorizzate. In caso di dubbi o di problemi con la propria bolletta del gas, è sempre consigliabile contattare direttamente il proprio fornitore di gas per cercare di risolvere il problema il più velocemente possibile.

È importante sottolineare che risparmiare sulla bolletta del gas non significa necessariamente ridurre il proprio consumo di gas. Infatti, molte delle azioni da adottare per risparmiare sulla bolletta del gas riguardano la gestione del proprio contratto e la scelta della tariffa più conveniente, senza influire sulla quantità di gas effettivamente utilizzata.

Tuttavia, ci sono anche alcune buone pratiche che possono aiutare a ridurre il proprio consumo di gas e a risparmiare ulteriormente sulla bolletta del gas. Ad esempio, è possibile migliorare l'isolamento termico della propria abitazione, utilizzare elettrodomestici a basso consumo energetico, regolare la temperatura degli ambienti in modo adeguato, evitare sprechi di acqua calda e gas, e così via.

Inoltre, è importante anche considerare l'opzione di utilizzare fonti di energia alternative, come l'energia solare o eolica, che possono aiutare a ridurre notevolmente i costi energetici a lungo termine.

In generale, quindi, risparmiare sulla bolletta del gas richiede una certa attenzione e cura nella gestione del proprio contratto, nella scelta della tariffa più conveniente e nella verifica delle eventuali spese aggiuntive. Inoltre, può essere utile adottare alcune buone pratiche per ridurre il proprio consumo di gas e valutare l'opzione di utilizzare fonti di energia alternative.

Inoltre, controllare il proprio contratto è importante perché può essere presente una serie di clausole di penalità o altre spese aggiuntive che possono influire sulla propria bolletta del gas. È importante quindi prestare attenzione a queste clausole e verificare se è possibile trovare un contratto più conveniente e adatto alle proprie esigenze.

Per trovare la tariffa più conveniente, è possibile confrontare le diverse offerte dei fornitori di gas presenti sul mercato. Ci sono numerosi siti web e comparatori online che possono aiutare a confrontare le diverse offerte dei fornitori di gas, rendendo più facile la scelta della tariffa migliore per le proprie esigenze.

Inoltre, è importante anche verificare se esistono sconti o promozioni disponibili per i nuovi clienti o per coloro che decidono di cambiare fornitore di gas. Questi sconti e promozioni possono essere molto vantaggiosi e aiutare a risparmiare sulla bolletta del gas.

Tuttavia, prima di cambiare fornitore di gas, è importante leggere attentamente i termini e le condizioni del nuovo contratto e verificare se ci sono costi nascosti o clausole di penalità che potrebbero influire sulla propria bolletta del gas.

Inoltre, è importante prestare attenzione alle scadenze del proprio contratto e controllare se è possibile rinegoziare il contratto in anticipo, in modo da poter beneficiare di nuove offerte e tariffe più convenienti.

Infine, è importante anche controllare regolarmente la propria bolletta del gas per accertarsi che non ci siano addebiti erronei o spese aggiuntive non autorizzate. In caso di dubbi o di problemi con la propria bolletta del gas, è sempre consigliabile contattare direttamente il proprio fornitore di gas per cercare di risolvere il problema il più velocemente possibile.

In sintesi, controllare il proprio contratto con il fornitore di gas è un passo importante per risparmiare sulla bolletta del gas. Confrontare le diverse offerte dei fornitori di gas, verificare la presenza di sconti e promozioni, leggere attentamente i termini e le condizioni del contratto e controllare regolarmente la propria bolletta del gas sono tutte azioni che possono aiutare a risparmiare

sulla bolletta del gas e ottenere la tariffa più

conveniente per le proprie esigenze.

Misurare il consumo di gas:

Misurare il consumo di gas è una pratica indispensabile per comprendere quanto si sta effettivamente consumando e dove si possono individuare eventuali sprechi o aree in cui è possibile risparmiare. Questo semplice gesto può contribuire in modo significativo a ridurre la bolletta del gas, specialmente se svolto con costanza e precisione. Misurare il consumo di gas è una pratica che può fornire informazioni preziose sulla propria effettiva capacità di utilizzo del gas e sugli eventuali margini di miglioramento. Questo processo è molto semplice e richiede solo pochi minuti del proprio tempo. In particolare, leggere il contatore del gas ogni mese e annotare i numeri è un passo essenziale per tenere traccia dei propri consumi e verificare eventuali variazioni rispetto ai mesi precedenti.

L'annotazione dei numeri del contatore permette di conoscere con esattezza quanti metri cubi di gas si sta utilizzando ogni mese. Questa informazione può essere confrontata con la quantità di gas che si è utilizzata in passato, permettendo di individuare eventuali sprechi o di capire se si sta utilizzando il gas in modo più efficiente rispetto al passato. Inoltre, confrontando il consumo di gas di diverse stagioni, si può capire se ci sono delle differenze legate all'utilizzo del riscaldamento e di altri elettrodomestici.

Tenere traccia dei consumi di gas è anche utile per capire se ci sono eventuali fughe o perdite di gas nell'impianto domestico, che possono influire sull'efficienza del sistema e aumentare il costo della bolletta del gas. Misurando regolarmente il consumo di gas, si può identificare rapidamente eventuali problemi e risolverli tempestivamente, evitando spiacevoli sorprese.

In sintesi, leggere il contatore del gas ogni mese e annotare i numeri è un'operazione molto semplice ma fondamentale per monitorare il consumo di gas e individuare eventuali margini di miglioramento. Grazie a questa pratica, si può ridurre il costo della bolletta del gas e garantire un utilizzo più efficiente e sostenibile delle risorse energetiche.

Per una misurazione del consumo di gas ancora più accurata, è possibile considerare l'installazione di un contatore intelligente. Questi dispositivi sono in grado di monitorare il consumo di gas in tempo reale e di inviare automaticamente i dati al fornitore di energia. In questo modo, è possibile tenere traccia del proprio utilizzo di gas senza la necessità di effettuare manualmente la lettura del contatore ogni mese.

I contatori intelligenti sono dotati di tecnologie avanzate e sono in grado di registrare il consumo di gas con una precisione maggiore rispetto ai contatori tradizionali. Grazie alla loro capacità di monitoraggio in tempo reale, i contatori intelligenti possono rilevare immediatamente eventuali anomalie nel consumo di gas, consentendo di individuare e correggere eventuali sprechi.

Inoltre, i contatori intelligenti offrono la possibilità di adottare tariffe dinamiche, che si basano sul consumo effettivo di gas. Questo significa che i consumatori pagano solo per l'energia che effettivamente utilizzano, anziché per un consumo stimato o una tariffa fissa. Questo sistema può risultare particolarmente conveniente per coloro che utilizzano il gas in modo variabile, come ad esempio le famiglie che trascorrono gran parte del tempo fuori casa durante la settimana.

In definitiva, l'installazione di un contatore intelligente può offrire numerosi vantaggi, tra cui una maggiore precisione nella misurazione del consumo di gas, la possibilità di individuare e correggere eventuali sprechi e la scelta di tariffe dinamiche in base al consumo effettivo.

La misurazione accurata del consumo di gas è di fondamentale importanza per ridurre gli sprechi e risparmiare sulla bolletta del gas. A questo scopo, l'installazione di un contatore intelligente rappresenta una soluzione ideale. Questo tipo di contatore è in grado di inviare automaticamente i dati di consumo al fornitore di energia, senza la necessità di una lettura manuale. Inoltre, il contatore intelligente consente di monitorare il consumo di gas in tempo reale, fornendo una visione dettagliata del proprio utilizzo. Grazie alla sua capacità di registrare il consumo in modo preciso, il contatore intelligente consente di adottare tariffe dinamiche, che variano in base al consumo effettivo. Questo significa che si paga solo per l'energia effettivamente consumata, evitando così di pagare per un consumo non effettivamente utilizzato. In questo modo, l'installazione di un contatore intelligente non solo consente di risparmiare sulla bolletta del gas, ma anche di contribuire alla riduzione degli sprechi di energia.

In conclusione, la misurazione del consumo di gas è un'operazione fondamentale per gestire al meglio la propria bolletta del gas e individuare eventuali margini di miglioramento. La lettura del contatore del gas, l'utilizzo di strumenti digitali per il monitoraggio dei consumi e l'installazione di un contatore intelligente sono tutte strategie utili per ottimizzare il consumo di gas e ridurre i costi.

Inoltre, è importante considerare l'utilizzo di strumenti digitali che consentono di monitorare il consumo di gas in tempo reale, come ad esempio le app degli operatori energetici o dei dispositivi smart per la casa. Questi strumenti possono fornire informazioni dettagliate sui consumi, suddividendoli per fasce orarie e giorni della settimana, permettendo di individuare eventuali picchi di utilizzo e di adottare misure per ridurre i costi.

Infine, per una misurazione ancora più accurata del consumo di gas, è possibile installare un contatore intelligente, che invia automaticamente i dati al fornitore di energia e consente di monitorare il consumo in tempo reale. Questi contatori sono in grado di registrare il consumo in modo preciso e offrono anche la possibilità di adottare tariffe dinamiche, che variano in base al consumo effettivo.

Misurare il consumo di gas è un'attività fondamentale per comprendere in modo dettagliato le abitudini di consumo e le eventuali aree in cui è possibile risparmiare. Grazie alla lettura regolare del contatore del gas, si può tenere traccia del proprio consumo di gas, verificare eventuali variazioni rispetto ai mesi precedenti e individuare le eventuali aree in cui è possibile migliorare l'efficienza energetica. Inoltre, per una misurazione ancora più accurata, è possibile utilizzare strumenti digitali per il monitoraggio dei consumi, come applicazioni o software che permettono di analizzare i propri dati di consumo di gas in tempo reale.

Un'ulteriore soluzione per una misurazione ancora più precisa del consumo di gas è l'installazione di un contatore intelligente. Questo tipo di contatore è in grado di inviare automaticamente i dati di consumo al fornitore di energia, offrendo la possibilità di monitorare il proprio consumo in tempo reale. Inoltre, i contatori intelligenti sono in grado di registrare il consumo in modo estremamente preciso, consentendo l'adozione di tariffe dinamiche, che variano in base al consumo effettivo.

In sintesi, misurare il consumo di gas è un passo essenziale per gestire al meglio la propria bolletta del gas e individuare eventuali aree in cui è possibile risparmiare. Attraverso la lettura regolare del contatore del gas, l'utilizzo di strumenti digitali per il monitoraggio dei consumi e l'installazione di un contatore intelligente, è possibile tenere sotto controllo i propri consumi di gas e adottare misure per ridurre i costi.

Utilizzare termoregolatori:

I termoregolatori sono dispositivi che permettono di regolare la temperatura del riscaldamento della casa in modo preciso e automatico. Grazie a questi strumenti è possibile impostare la temperatura desiderata per ciascuna stanza della casa, evitando di sprecare gas inutilmente. I termoregolatori sono dotati di sensori che rilevano la temperatura ambiente e ne regolano l'intensità di riscaldamento. In questo modo, la casa può essere riscaldata in modo uniforme e senza sprechi, garantendo un maggiore comfort abitativo e una riduzione della bolletta del gas.

L'utilizzo dei termoregolatori è particolarmente utile nelle case in cui ci sono diverse stanze con temperature differenti. Grazie a questi dispositivi, infatti, è possibile impostare temperature diverse in ogni stanza, in base alle necessità degli abitanti e alla loro attività. Ad esempio, nelle stanze in cui si passa meno tempo, come le camere da letto, è possibile impostare temperature più basse rispetto alle stanze in cui si trascorre maggior tempo, come il soggiorno o la cucina.

Inoltre, alcuni termoregolatori sono dotati di funzioni di programmazione, che permettono di impostare l'accensione e lo spegnimento del riscaldamento in modo automatico. In questo modo, è possibile programmare il riscaldamento in base alle proprie abitudini, ad esempio accendendolo solo quando si è in casa e spegnendolo quando si esce. In questo modo si evita lo spreco di gas durante le ore in cui la casa è vuota.

In sintesi, l'utilizzo dei termoregolatori è un modo efficace per risparmiare sulla bolletta del gas e migliorare il comfort abitativo. Grazie a questi dispositivi è possibile regolare la temperatura del riscaldamento in modo preciso e automatico, evitando sprechi e riducendo i costi energetici.

Isolare le finestre e le porte:

La corretta isolazione di porte e finestre può rappresentare un notevole risparmio di energia e denaro sulla bolletta del gas, ma come si può ottenere questo risultato? Innanzitutto, è importante sottolineare come le finestre e le porte rappresentino una fonte di dispersione del calore all'interno della casa, specialmente in periodi di freddo intenso. Questo significa che il gas utilizzato per riscaldare la casa potrebbe andare sprecato in modo inutile. La soluzione a questo problema è l'installazione di guarnizioni e doppi vetri, che possono isolare efficacemente le finestre e ridurre la dispersione di calore. In questo modo, si evita che il gas venga utilizzato in modo inefficace per riscaldare l'aria esterna. Tuttavia, è importante assicurarsi che finestre e porte siano ben sigillate e che non ci siano fessure o spazi tra le ante che possano far entrare aria fredda dall'esterno. Per questo motivo, si consiglia di verificare regolarmente lo stato di guarnizioni e doppi vetri e di effettuare le eventuali riparazioni o sostituzioni necessarie. In generale, la corretta isolazione di porte e finestre può garantire un significativo risparmio energetico e una maggiore efficienza nell'utilizzo del gas per il riscaldamento della casa.

Installare una caldaia a condensazione:

Una caldaia a condensazione è un tipo di caldaia ad alta efficienza energetica che utilizza il calore prodotto dalla combustione del gas per riscaldare l'acqua necessaria per il riscaldamento degli ambienti e per la produzione di acqua calda sanitaria. La principale differenza tra una caldaia a condensazione e una caldaia tradizionale è che la prima sfrutta il calore dei gas di scarico, che solitamente vengono dispersi nell'atmosfera, per riscaldare ulteriormente l'acqua che circola all'interno del circuito di riscaldamento.

In pratica, la caldaia a condensazione raccoglie il calore dei gas di scarico e lo utilizza per vaporizzare l'acqua presente nel fumo. Questo processo genera ulteriore calore, che viene poi trasferito all'acqua che circola nel circuito di riscaldamento. In questo modo, la caldaia a condensazione è in grado di ottenere un rendimento termico superiore rispetto alle caldaie tradizionali, che non utilizzano il calore dei gas di scarico.

Inoltre, le caldaie a condensazione sono anche in grado di ridurre le emissioni di CO_2 e di altri gas nocivi nell'atmosfera, grazie alla combustione più efficiente del gas. Questo le rende una scelta ideale per coloro che cercano un modo per ridurre il proprio impatto ambientale.

Tuttavia, va tenuto presente che l'installazione di una caldaia a condensazione richiede un investimento iniziale maggiore rispetto alle caldaie tradizionali, a causa della loro complessità tecnologica. Tuttavia, i notevoli risparmi energetici e economici a lungo termine fanno della caldaia a condensazione un'ottima scelta per coloro che cercano un modo per ridurre i costi dell'energia e per contribuire alla salvaguardia dell'ambiente. L'installazione di una caldaia a condensazione rappresenta un'opzione molto vantaggiosa per i consumatori che vogliono fare la loro parte nella lotta ai cambiamenti climatici e ridurre la loro bolletta del gas. Inoltre, il risparmio energetico che si può ottenere grazie all'utilizzo di una caldaia a condensazione è significativo rispetto alle caldaie tradizionali, in quanto sfrutta il calore dei gas di scarico per produrre calore. Questo processo consente di sfruttare l'energia in maniera efficiente e di ridurre notevolmente lo spreco di gas e di denaro. Grazie alla sua elevata efficienza, una caldaia a condensazione può recuperare fino al 98% dell'energia contenuta nei gas di scarico, rispetto al 70-80% delle caldaie tradizionali. Ciò significa che con una caldaia a condensazione si può ridurre l'utilizzo di gas e, di conseguenza, la bolletta del gas. Inoltre, le caldaie a condensazione sono in grado di funzionare in maniera più silenziosa e di avere una maggiore durata rispetto alle caldaie tradizionali.

L'installazione di una caldaia a condensazione può rappresentare un investimento importante per la propria casa, ma a lungo termine i risparmi economici e ambientali possono essere notevoli. Inoltre, alcune regioni offrono incentivi fiscali per l'installazione di caldaie a condensazione, rendendo ancora più conveniente l'utilizzo di questo tipo di caldaie.

Per comprendere in modo più dettagliato il funzionamento di una caldaia a condensazione, è importante conoscere i suoi componenti principali. La caldaia a condensazione è composta da un bruciatore, uno scambiatore di calore e un condensatore.

Il bruciatore è il componente che si occupa di bruciare il gas per generare calore. Il gas bruciato viene convogliato nello scambiatore di calore, dove cede il proprio calore all'acqua che circola all'interno del circuito di riscaldamento. In questo modo, l'acqua si riscalda e può essere utilizzata per riscaldare gli ambienti della casa o l'acqua sanitaria. Ma la particolarità di una caldaia a condensazione sta proprio nella presenza del condensatore. Questo componente, infatti, consente di recuperare l'energia contenuta nei gas di scarico che, nelle caldaie tradizionali, andrebbe completamente persa. I gas di scarico vengono fatti passare attraverso il condensatore, dove vengono raffreddati fino a raggiungere una temperatura inferiore ai 55 gradi Celsius. A questa temperatura, l'acqua contenuta nei gas di scarico si condensa, cioè si trasforma in acqua liquida, liberando ulteriore calore che viene recuperato e utilizzato per riscaldare l'acqua del circuito di riscaldamento.

In questo modo, una caldaia a condensazione è in grado di sfruttare gran parte dell'energia disponibile, riducendo al minimo lo spreco di gas e di denaro. Inoltre, grazie alla tecnologia di recupero dei gas di scarico, una caldaia a condensazione è anche più ecologica rispetto alle caldaie tradizionali, poiché emette meno CO_2 nell'atmosfera.

In sintesi, la caldaia a condensazione rappresenta un'ottima scelta per coloro che desiderano risparmiare sulla bolletta del gas e contribuire alla salvaguardia dell'ambiente. Grazie alla sua tecnologia avanzata, una caldaia a condensazione è in grado di utilizzare gran parte dell'energia disponibile, riducendo notevolmente lo spreco di gas e di denaro.

Oltre al risparmio energetico, l'installazione di una caldaia a condensazione può comportare anche altri vantaggi. Ad esempio, grazie alla loro elevata efficienza, queste caldaie producono meno emissioni inquinanti rispetto alle caldaie tradizionali. Inoltre, le caldaie a condensazione sono spesso dotate di funzioni avanzate di controllo e di monitoraggio, che consentono di gestire al meglio il proprio consumo di gas e di ottimizzare l'utilizzo della caldaia.

Va sottolineato che l'installazione di una caldaia a condensazione richiede un investimento iniziale più elevato rispetto alle caldaie tradizionali, ma i notevoli vantaggi in termini di risparmio energetico e di riduzione delle emissioni di CO_2 possono ampiamente ripagare il costo dell'investimento nel corso del tempo.

Inoltre, l'installazione di una caldaia a condensazione può essere agevolata da incentivi fiscali e finanziari, come ad esempio il Bonus Ristrutturazione o il Conto Termico, che consentono di ottenere un contributo economico per l'acquisto e l'installazione di una caldaia a condensazione.

L'installazione di una caldaia a condensazione può rappresentare una scelta vantaggiosa per coloro che desiderano ridurre la propria bolletta del gas e, al contempo, contribuire alla salvaguardia dell'ambiente. Le caldaie a condensazione sono molto più efficienti delle caldaie tradizionali, perché recuperano l'energia contenuta nei gas di scarico e la utilizzano per riscaldare l'acqua. In questo modo, la caldaia a condensazione riesce a utilizzare gran parte dell'energia disponibile, riducendo notevolmente lo spreco di gas e di denaro.

Oltre a ciò, l'installazione di una caldaia a condensazione può comportare un significativo miglioramento della qualità dell'aria. Questo perché le caldaie a condensazione producono una quantità molto inferiore di emissioni di anidride carbonica (CO_2) rispetto alle caldaie tradizionali. Inoltre, l'utilizzo di una caldaia a condensazione può anche contribuire alla riduzione delle emissioni di ossido di azoto (NOx), una sostanza nociva per l'ambiente e per la salute umana.

L'installazione di una caldaia a condensazione può, inoltre, essere incentivata da diverse forme di agevolazioni fiscali. In molti Paesi, infatti, sono previste detrazioni fiscali e incentivi per coloro che decidono di installare una caldaia a condensazione o di sostituire la propria caldaia tradizionale con una caldaia a condensazione.

In definitiva, l'installazione di una caldaia a condensazione rappresenta una scelta vantaggiosa sia dal punto di vista economico che ambientale. Grazie alla loro elevata efficienza, alla capacità di recuperare l'energia contenuta nei gas di scarico e alla riduzione delle emissioni di CO_2 e di NO_x, le caldaie a condensazione sono una soluzione vincente per coloro che desiderano risparmiare sulla bolletta del gas e contribuire alla salvaguardia dell'ambiente.

Utilizzare un termostato programmabile:

Il termostato programmabile è uno strumento molto utile per coloro che desiderano ottenere un risparmio energetico sulla bolletta del gas e, al contempo, migliorare il comfort abitativo. Grazie alla sua capacità di regolare la temperatura della casa in base alle esigenze e ai ritmi di vita dei suoi abitanti, è possibile evitare di riscaldare inutilmente gli ambienti e di sprecare energia. Questo è particolarmente importante in periodi di freddo intenso, quando la maggior parte delle famiglie tende a mantenere la temperatura costante per tutto il giorno, anche quando non c'è nessuno in casa.

Il funzionamento di un termostato programmabile è molto semplice. Una volta installato, è possibile impostare la temperatura desiderata per ogni momento della giornata, in modo da evitare di riscaldare gli ambienti quando non c'è nessuno in casa e di mantenere la temperatura costante solo quando serve. Ad esempio, si può programmare il termostato per portare la temperatura della casa a 20°C prima di svegliarsi al mattino, per poi abbassarla a 16°C quando si esce di casa per andare al lavoro, e quindi riportarla a 20°C quando si torna a casa la sera. In questo modo, si evita di riscaldare la casa quando non è necessario, riducendo notevolmente lo spreco di energia e di denaro.

L'utilizzo di un termostato programmabile può portare significativi benefici anche dal punto di vista ambientale. Riducendo la quantità di gas utilizzato per riscaldare la casa, si contribuisce infatti a diminuire le emissioni di CO_2 e ad alleviare l'impatto ambientale legato al consumo di energia. Inoltre, il termostato programmabile permette di creare un ambiente confortevole e salubre in casa, evitando di mantenere la temperatura costante eccessivamente alta, che potrebbe causare problemi di salute come secchezza delle mucose e mal di testa.

In sintesi, l'utilizzo di un termostato programmabile rappresenta una soluzione semplice ed efficace per ridurre il consumo di energia e di denaro sulla bolletta del gas, migliorando il comfort abitativo e contribuendo alla salvaguardia dell'ambiente.

L'utilizzo di un termostato programmabile è una soluzione che consente di gestire in modo efficiente il riscaldamento della propria casa, ottimizzando l'uso dell'energia e risparmiando sulla bolletta del gas. Grazie alla sua capacità di programmare la temperatura in base alle proprie esigenze e abitudini quotidiane, è possibile evitare di sprecare energia inutilmente, mantenendo una temperatura confortevole solo quando effettivamente necessario.

Ma non solo: i termostati programmabili possono anche essere integrati con i sistemi di riscaldamento esistenti, come le caldaie a condensazione, per garantire una maggiore efficienza e un migliore controllo della temperatura. Ciò significa che, oltre ai vantaggi economici, l'utilizzo di un termostato programmabile contribuisce anche alla salvaguardia dell'ambiente, riducendo le emissioni di CO_2 e migliorando la qualità dell'aria.

Inoltre, la maggior parte dei termostati programmabili offre anche la possibilità di monitorare e gestire il sistema di riscaldamento da remoto, tramite app per smartphone o tablet. Questo significa che è possibile controllare e regolare la temperatura della casa da qualsiasi luogo, in modo da garantire il massimo comfort senza sprechi energetici.

Un altro vantaggio dei termostati programmabili è la loro semplicità d'uso. La maggior parte di essi presenta un'interfaccia user-friendly, con display a colori e icone intuitive, che rendono la programmazione della temperatura un'operazione semplice e immediata. Inoltre, alcuni modelli offrono funzioni avanzate come l'autoapprendimento, che consente al termostato di adattarsi alle abitudini dell'utente e di programmare automaticamente la temperatura in base ai suoi comportamenti.

In definitiva, l'utilizzo di un termostato programmabile è una scelta intelligente e conveniente per chi desidera avere il massimo controllo sul riscaldamento della propria casa, risparmiando sulla bolletta del gas e contribuendo alla salvaguardia dell'ambiente. Grazie alla loro semplicità d'uso, alla compatibilità con i sistemi di riscaldamento esistenti e alle funzioni avanzate, i termostati programmabili rappresentano uno strumento essenziale per chiunque voglia gestire in modo efficiente l'energia e il riscaldamento della propria abitazione.

L'utilizzo di un termostato programmabile è un'ottima soluzione per coloro che desiderano ridurre i consumi energetici e i costi sulla bolletta del gas. Grazie alla possibilità di programmare la temperatura in base alle esigenze personali, si può evitare di riscaldare inutilmente la casa quando non è necessario, ad esempio durante il giorno mentre si è al lavoro, o di mantenere una temperatura costante durante la notte quando si è sotto le coperte.

Ma non è solo una questione di comfort e di risparmio economico. L'utilizzo di un termostato programmabile può anche contribuire alla salvaguardia dell'ambiente. Infatti, riducendo il consumo energetico si riducono anche le emissioni di CO_2 e altri gas serra, con un impatto positivo sulla qualità dell'aria e sul cambiamento climatico.

Inoltre, i termostati programmabili possono essere facilmente integrati con i sistemi di riscaldamento esistenti, come le caldaie a condensazione, per garantire una maggiore efficienza e un migliore controllo della temperatura. Questo significa che l'investimento iniziale per l'acquisto di un termostato programmabile può essere ammortizzato nel breve periodo grazie al notevole risparmio sulla bolletta del gas.

Ma ci sono anche altre funzionalità che rendono i termostati programmabili una scelta interessante per chi desidera un maggiore controllo del proprio sistema di riscaldamento. Ad esempio, molti modelli permettono di monitorare il consumo energetico e di visualizzare i dati in tempo reale, fornendo informazioni utili per gestire al meglio il proprio impianto. Alcuni termostati programmabili, inoltre, possono essere controllati da remoto tramite app per smartphone o tablet, consentendo di gestire la temperatura della casa anche quando si è fuori. Insomma, utilizzare un termostato programmabile non solo consente di risparmiare sulla bolletta del gas, ma rappresenta anche una scelta responsabile dal punto di vista ambientale, con numerosi vantaggi sia in termini di comfort che di efficienza energetica.

Controllare le perdite di gas:

L'utilizzo dell'energia solare rappresenta una
soluzione ecologica ed economica per il
riscaldamento dell'acqua e per la produzione di
energia elettrica. L'energia solare è gratuita e
disponibile in abbondanza, ed è anche una fonte di
energia rinnovabile, in contrasto con i combustibili
fossili, come il gas e il petrolio, che sono fonti finite
ed esauribili.

Per utilizzare l'energia solare, è possibile installare
dei pannelli solari fotovoltaici o termici sulla propria

casa o sul proprio tetto. I pannelli fotovoltaici convertono l'energia solare in energia elettrica, mentre i pannelli termici la utilizzano per riscaldare l'acqua.

L'utilizzo dell'energia solare non solo aiuta a ridurre le emissioni di CO_2 e a proteggere l'ambiente, ma può anche portare a significativi risparmi sulla bolletta del gas ed elettrica. Sebbene l'investimento iniziale per l'acquisto e l'installazione dei pannelli solari possa sembrare elevato, a lungo termine i vantaggi economici e ambientali sono evidenti.

Inoltre, molte regioni offrono incentivi fiscali e agevolazioni per l'installazione di pannelli solari, che possono rendere l'investimento ancora più conveniente. Alcuni esempi di incentivi possono essere le detrazioni fiscali, i finanziamenti agevolati e la vendita dell'energia elettrica prodotta in eccesso alla rete elettrica.

In definitiva, l'utilizzo dell'energia solare rappresenta una scelta intelligente per chi desidera ridurre la propria dipendenza dai combustibili fossili e risparmiare sulla bolletta del gas ed elettrica, contribuendo nel contempo alla tutela dell'ambiente.

Utilizzare l'energia solare

L'utilizzo dell'energia solare è una scelta sempre più diffusa tra coloro che desiderano ridurre i costi della bolletta del gas e al contempo contribuire alla salvaguardia dell'ambiente. L'installazione di pannelli solari è un'ottima soluzione per riscaldare l'acqua della casa, poiché sfrutta l'energia del sole per produrre acqua calda.

Inoltre, gli impianti solari termici non emettono gas nocivi per l'ambiente, contribuendo così alla tutela del nostro pianeta. Sono anche considerati una soluzione a basso impatto ambientale, in quanto l'energia solare è una fonte rinnovabile e pulita.

È importante sottolineare che l'installazione di un impianto solare termico richiede un investimento iniziale, ma questo può essere ammortizzato nel tempo grazie ai risparmi sulla bolletta del gas. Inoltre, molte regioni offrono incentivi e agevolazioni fiscali per l'installazione di pannelli solari, rendendo ancora più conveniente l'investimento.

Gli impianti solari termici possono essere utilizzati in molte tipologie di edifici, dalle abitazioni private ai condomini e alle attività commerciali. Inoltre, gli impianti possono essere combinati con altre soluzioni di riscaldamento, come le caldaie a condensazione, per garantire un maggiore risparmio energetico e una maggiore flessibilità nella gestione dell'energia termica.

In sintesi, l'utilizzo dell'energia solare per riscaldare l'acqua è una soluzione sostenibile e conveniente per ridurre la propria bolletta del gas e contribuire alla tutela dell'ambiente. Gli impianti solari termici sono un investimento che, nel tempo, permette di ottenere un significativo risparmio energetico e di denaro, senza compromettere il comfort e la qualità della vita.

Inoltre, l'utilizzo dell'energia solare per riscaldare l'acqua è un'opzione ecologica, in quanto non emette gas serra e non produce scarti tossici. Ciò significa che l'utilizzo di energia solare per riscaldare l'acqua contribuisce alla riduzione delle emissioni di CO2 e alla salvaguardia dell'ambiente.

Va sottolineato che l'installazione di pannelli solari per la produzione di acqua calda richiede un investimento iniziale, ma l'ammortamento avviene nel medio-lungo termine grazie ai notevoli risparmi sulla bolletta del gas. Inoltre, molte regioni italiane offrono incentivi e agevolazioni per l'installazione di pannelli solari, rendendo questa soluzione ancora più conveniente.

In conclusione, l'utilizzo dell'energia solare per riscaldare l'acqua è un'opzione ecologica ed economica che consente di ottenere un notevole risparmio energetico e di denaro sulla bolletta del gas, contribuendo allo stesso tempo alla tutela dell'ambiente. L'installazione di pannelli solari può rappresentare un investimento a lungo termine, ma i notevoli benefici che ne derivano la rendono una scelta vincente per il futuro.

Utilizzare le candele elettriche:

Le candele elettriche sono oggetti luminosi che funzionano a batterie o collegati alla corrente elettrica. Sono una versione moderna delle candele tradizionali, ma senza la combustione di cera o paraffina. Sono disponibili in diverse forme e dimensioni e possono essere utilizzate per creare un'atmosfera accogliente e romantica in casa senza i rischi associati alle candele tradizionali. Le candele elettriche sono una moderna alternativa alle candele tradizionali a cera o paraffina. Sono alimentate da batterie o da fonti di energia elettrica e offrono numerosi vantaggi rispetto alle candele tradizionali.

Innanzitutto, le candele elettriche sono molto più sicure rispetto alle candele tradizionali, in quanto non c'è rischio di incendi causati da fiamme o cera fusa. Ciò le rende particolarmente adatte per l'uso in ambienti in cui ci sono bambini o animali domestici.

Inoltre, le candele elettriche sono anche molto più convenienti rispetto alle candele tradizionali. Non devono essere sostituite regolarmente come le candele tradizionali e non causano residui di cera fusa o fuliggine, che possono essere difficili da pulire. Questo le rende particolarmente adatte per l'uso in luoghi pubblici, come ristoranti, bar e hotel, dove la pulizia e l'igiene sono fondamentali.

Le candele elettriche sono disponibili in una vasta gamma di forme, colori e stili, per soddisfare ogni esigenza di design e decorazione. Sono disponibili in diverse intensità di luce, che possono essere facilmente regolate per creare l'atmosfera desiderata.

Infine, le candele elettriche sono anche una scelta ecologica ed economica. Utilizzando fonti di energia rinnovabile, come l'energia solare, si può ridurre l'impatto ambientale del consumo di energia. Inoltre, il costo del funzionamento delle candele elettriche è molto inferiore rispetto alle candele tradizionali, che richiedono costi di acquisto e sostituzione regolare.

In sintesi, le candele elettriche sono una soluzione moderna, sicura, economica ed ecologica per l'illuminazione della casa o di qualsiasi altro ambiente. Grazie alla loro versatilità, possono essere utilizzate in molte situazioni, sia per scopi pratici che decorativi, garantendo un'illuminazione piacevole e durevole senza i rischi associati alle candele tradizionali.

Le candele elettriche rappresentano una valida alternativa alle candele tradizionali, che spesso rappresentano un pericolo per la sicurezza in casa. Le candele tradizionali, infatti, possono causare incendi o danni alle superfici su cui vengono posizionate, ma con le candele elettriche si evitano questi rischi.

Oltre alla sicurezza, le candele elettriche offrono anche vantaggi economici. Infatti, sostituire le lampadine tradizionali con le candele elettriche può comportare un risparmio sulla bolletta dell'energia elettrica. Questo perché le candele elettriche consumano molto meno energia rispetto alle lampadine tradizionali e hanno una maggiore durata.

Le candele elettriche sono disponibili in diverse forme, dimensioni e colori, permettendo di scegliere quelle più adatte alle proprie esigenze. Inoltre, molte candele elettriche sono dotate di un sistema di regolazione dell'intensità della luce, che consente di regolare la luminosità in base alle proprie necessità e di creare atmosfere diverse a seconda dell'occasione.

Un altro vantaggio delle candele elettriche è che sono più facili da pulire rispetto alle candele tradizionali. Infatti, le candele tradizionali possono lasciare residui di cera sui mobili o sui tessuti, mentre le candele elettriche non hanno questo problema.

Inoltre, le candele elettriche non emettono fumo, quindi non danneggiano la qualità dell'aria in casa. Anche dal punto di vista ecologico, le candele elettriche sono una scelta migliore rispetto alle candele tradizionali, poiché non producono rifiuti e possono essere riutilizzate per molti anni.

In definitiva, l'utilizzo delle candele elettriche rappresenta una soluzione ecologica, economica e sicura per illuminare la casa. Sostituire le lampadine tradizionali con le candele elettriche è un gesto semplice che può fare la differenza sulla bolletta

dell'energia elettrica e sul nostro impatto

sull'ambiente.